THÈSE

DE LICENCE

Duffard.

THÈSE
DE LICENCE

THÈSE DE LICENCE

SOUTENUE DEVANT MM. LES PROFESSEURS

DE LA

FACULTÉ DE DROIT DE TOULOUSE

PAR M. NICOLAS DUFFARD

DE VILLECOMTAL (Gers)

En exécution de l'art. 4, titre II, de la loi du 22 ventôse, an VII

ANNÉE 1870

TARBES

TH. TELMON, IMPRIMEUR DE LA PRÉFECTURE

1870

JUS ROMANUM

DE PERSONNIS QUÆ OBLIGARI POSSUNT

« Filius familias ex omnibus causis, tanquam paterfamilias obligatur, et ob id agi cum eo tanquam cum patrefamilias potest. » (Dig., Loi 39.)

« Furiosus et pupillus, ubi ex re actio venit, obligantur, etiam sine curatore vel tutoris auctoritate : veluti si communem undum habeo cum his, et aliquid in eum impendero, vel damnum in eo pupillus dederit, nam judicio communi dividundo obligantur. » (Dig., Loi 46.)

« Pupillus mutuam pecuniam accipiendo, nequidem jure naturali obligatur. » (Loi 59.)

« Obligari potest paterfamilias, suæ potestatis, pubes, compos mentis. Pupillus sine tutoris auctoritate non obligatur jure civili. Servus autem ex contractibus non obligatur. » (Loi 43.)

« Servi ex delictis quidem obligantur ; et si manumittuntur, obligati remanent; ex contractibus autem civiliter quidem non obligantur, sed naturaliter, et obligantur et obligant. Denique si servus, qui mihi mutuam pecuniam dederat, manumisso solvam, libero. » (Loi 14.)

PROCÉDURE CIVILE

DE LA DISTRIBUTION PAR CONTRIBUTION

(ARTICLES 656 A 673.)

CODE NAPOLÉON

DES RENTES PERPÉTUELLES ET VIAGÈRES.

(Art. 529, § 2, 530, 1909 à 1914 inclusivement, 1968 à 1983.)

DROIT CRIMINEL

DE LA RÉHABILITATION DU CONDAMNÉ

(Code d'instruction criminelle, art. 619 à 632, rectifiés en vertu de la loi du 3-6 juillet 1852.)

JUS ROMANUM

§ 1er.

Digeste Loi 39. « Filiusfamilias ex omnibus causis, tanquam paterfamilias obligatur, et ob id agi cum eo tanquam cum patrefamilias potest. »

In proximis temporibus ab urbe Româ conditâ, puerorum ac servorum dominus paterfamilias de corporibus atque bonis eorum omnia jura tenebat. Quod ad bona attinet, puer nihil privatim sibi habere poterat. Jus tamen antiquum de hac re temperatum fuit. Puer in campis res acquisitas cœpit facere suas. Quæ bona *castrense peculium* nomen habebant. Sub Constantino, discretæ item quæ muneribus in aulâ acquisitæ fuerant et hæc *quasi castrense peculium* dicebantur. Item quæ illi a matre hæreditate obveniebant. Hoc modo facta fuerunt peculia de quibus filiifamilias jura plus minusve lata tenebant. « Filiifamilias in castrensi peculio vice patrumfamiliarum funguntur. » Agnoscere autem filiisfamilias jus res in sua potestate habendi, disponendi agendique de illis omnia facta quæ patitur commercium, illud fuit constituere omnino eis ipsam personam juris.

Filiusfamilias in rebus agendis cum aliis, gerere omnia sive patris mandatarius, sive jura sua efficiens. Mandanti patre, in eum actio competebat de quâ patris bona omnia spondebant. Quùm jura sua gereret filiusfamilias in ipsum actio competebat de quâ spondebant omnia de quibus liberrimè disponendi potestas erat. Si nihil mandati nec auctoritatis fuerat data filiofamilias, necesse erat patrem e filii contractibus aliquem fructum percepisse, et ob id agere in eum jus erat actione *quod jussu*, quum directa propriaque mandata adhibuerat paterfamilias ; actionibus *institoria, exercitoria, tributoria,* et de *peculio* quum filiusfamilias rerum summæ prœpositus fuerat. Servorum vero è contractibus ferè iidem eventus deveniebant, verumtamen dominum obligandi non erat servo potestas, nisi obligationibus quæ futuræ essent ei utilitati.

Sénatûs-consultum macedonicum prohibebat ne quis mutuam pecuniam filiis familias daret. Itaque prætor non concedit actionem in eos et mutuum in obligationem naturalem redigitur, ita ut mutua pecunia accepta non patitur repetitionem.

Quæritur an ejus fidejussori eumdem senatûs-consultum sit jactare facultas ? Si fidejussor adsit causâ tuendi creditorem a senatûs-consulto ipso, constat non esse illi facultatem jactandi. Si contrà, adsit solummodò causâ tuendi filiifamilias solvendi facultatis, jus erit illi à senatûs-consulto macedonico excipiendi.

Quum tamen non patet voluntas adversariorum, in dubio, admittemus esse fidejussori facultatem jactandi senatûs-consultum. Non habetur se voluisse obligari *donandi animo ;* nam *nemo censetur jactare suum.*

Minoris fidejussor unquam restitutione utitur ex ætate minoris. Multùm certatum est de causâ hujus discriminis inter minoris et filiifamilias fidejussorem ; hæc mea sententia : Fidejussor minoris de pupillari ætate excipere nequit quia ipsa fidejussio naturâ incumbitur universali facultatis inopiæ, apertæ provisæque, atque constituitur, ut hâc facultatis inopiâ minorem solvat. Filiusfamilias, e contrario, ommia agendi sua potestate tenet facultatem. Quamobrem fidejussor ejus censetur adesse solummodò ut solvendi facultatem spondeat.

§ II.

Loi 46. Dig. — Furiosus et pupillus, ubi ex re actio venit obligantur, etiam sine curatore vel tutoris auctoritate, veluti si communem fundum habeo cum his, et aliquid in eum impendero, vel damnum in eo pupillus dederit; nam judicio communi dividundo obligantur.

In universum, furiosus ac pupillus non obligantur sine curatore vel tutoris auctoritate; sed in contractibus ex re venientibus, aliter, veluti si communem fundum habeo cum his : (si aliquid in eum impendero) ne diruatur vel ne quid mali obveniat, patiendum quibus utili est. « Nam hoc naturâ æquum est neminem cum alterius detrimento fieri locupletiorem. » (Vel si damnum in eo pupillus dederit.) — « Nam hoc naturâ æquum est neminem cum alterius culpâ fieri pauperiorem. »

Nihilominus erraret si quis putaret pupillum patiturum esse omnes obligationes quasi ex contractu venientes. Patitur, sine dubio, omnes a communi dividundo venientes vel tutelâ, quod ipsum hujus commodum præscribit : « Non tantum enim pupillus cum tutore habet tutelæ actionem, sed, ex contrario, tutor cum pupillo habet contrariam tutelæ, si vel impenderit aliquid in rem pupilli, vel pro eo fuerit obligatus, aut rem suam creditoribus ejus obligaverit. » (Inst. L, II. XXVII-II).

§ III.

L. 59. Dig. « Pupillus mutuam pecunian accipiendo, ne quidem jure naturale obligatur. »

« Ne quidem jure naturali obligatur. » Hæc positio dedit locum dirimendi acerrimè controversias, faciendique multa systemata quæ, præterea, nituntur scriptis quæ secum discrepare videntur.

Si e pecunia accepta pupillus factus erit locupletior, contrahitur obligatio naturalis, nequaquam præterea discrimine facta, an sit infanti vel pubertati proximus. « Si quis pupillo solverit sine tutoris auctoritate, exque ea solutione locupletior factus sit pupillus, rectissime dicitur exceptionem petentibus nocere. Si pupillus pauperior factus sit, tunc rarissime vel moralis vel conscientiæ obligatio contrahitur, sed nunquam obligatio naturalis. « Itaque si debitor pecuniam pupillo solvat, facit quidem pecuniam pupilli, sed ipse non liberatur, quia nullam obligationem pupillus sine tutoris auctoritate dissolvere potest, quia ńullius rei alienatio ei sine tutoris auctoritate concessa est. (... G. Comm. 4. D. 84.)

§ IV.

Dig., L. 43. « Obligari potest paterfamillias, suæ potestatis, pubes, compos mentis; pupillus sine tutoris acutoritate non obligatur jure civili. Servus autem ex contractibus non obligatur.»

Paterfamilias est cujus ergò habet jura; suæ potestatis, idque igitur neminis anctoritas opus est éi. Oportet etiam esse compotem mentis quia nemo obligari potest nisi quæ agit intelligat. Item est de pupillo ? Solus obligare, quia suam conditionem facere meliorem potest, sed pejorem nequit.

« Sed quod diximus de pupillis utique de iis qui jam aliquem intellectum habent; nam infans et qui infanti proximus est, non multum a furioso distant. Sed in proximis infanti, propter utilitatem eorum, benignior juris interpretatio facta est, ut idem juris habeant quod pubertati proximi. »

Attamen, si mutuam pupillus vel aliquid alii contractus suscipiens locupletior factus sit, danda erit exceptio, hoc est, replicatione respondebitur se ipsum locupletiorem factum fuisse.

Ex opinione domini Massol, doctoris juris romani prope facultatem Tolosæ, omnis alienatio, non interponenti anctoritatem tutore, interdicta fuit. Itaque pupillus qui sua gerit sine alienatione naturalem contrahit obligationem, sed obligando sese naturaliter non est ei undè timeat compensationem.

§ V

Dig. L. 14. « Servi ex delictis quidem obligantur; et si manumittantur, obligati remanent; ex contractibus autem civiliter quidem non obligantur, sed naturaliter et obligantur et obligant. Denique si servo, qui mihi mutuam pecuniam dederat, manumisso solvam, liberor. »

Juris stricti rigor de servis emendatus. Primùm philosophia servo naturalem personam restituit. Præterea jus prætorium res finesque certas discrevit in quibus gestis servi obligatum esse dominum vidêre.

« Manumisso solvam liberor. » Esset aliter si servus mihi mutuam dedisset pecuniam e peculio domini manumittentis, tunc, domino nummorum me solvere oporteret.

POSITIONES.

1° Ipsi ne filiifamilias pro suis delictis possunt conveniri?

— Affirmo.

2° Cui domino habetur servilis stipulatio?

— Domino stipulationis « quia ex præsenti vires accipit stipulatio. »

3° Nùm servus hæreditarius stipulari etiam conditionaliter potest usùsfructum?

— Nego.

PROCÉDURE CIVILE

DISTRIBUTION PAR CONTRIBUTION.

« Art. 656. — Si les deniers arrêtés ou le prix des ventes ne suffisent pas pour payer les créanciers, le saisi et les créanciers seront tenus, dans le mois, de convenir de la distribution par contribution. »

Ordinairement, les deniers saisis-arrêtés ou le prix provenant de la vente sont insuffisants. Alors on prélève d'abord les créances prévilégiées et certains frais de procédure. Le surplus, s'il y en a, est distribué au marc-le-franc aux autres créanciers. C'est cette distribution qui est dite distribution par contribution.

Elle peut avoir lieu pour les deniers provenant des immeubles dans deux cas principaux : 1° quand il reste des deniers après le paiement des créances privilégiées ou hypothécaires ; 2° quand deux ou plusieurs hypothèques ont été inscrites le même jour.

Pour abréger les frais considérables d'une distribution judiciaire, le vœu de la loi est de faire procéder à une distribution amiable.

Les créanciers y sont *tenus,* mais ce mot ne peut signifier qu'ils y sont obligés. Chacun peut donc s'y refuser, sans aucun inconvénient, à moins qu'il n'eût empêché la distribution amiable en exagérant sa créance ou en s'attribuant mal à propos la qualité de créancier.

« Art. 657. — Faute par le saisi et les créanciers de s'accorder dans ledit délai, l'officier qui aura fait la vente sera tenu de consigner, dans la huitaine suivante, et à la charge de toutes les oppositions, le montant de la vente, déduction faite de ses frais d'après la taxe qui aura été faite par le juge sur la minute du procès-verbal. Il sera fait mention de cette taxe dans les expéditions. »

Si l'officier chargé de faire la consignation des deniers ne l'effectue pas dans la huitaine, il deviendra de plein droit débiteur des intérêts au taux de cinq pour cent. Le tiers-saisi le devient de même, si la dette est arrivée à échéance.

La distribution doit se faire naturellement devant le tribunal de la vente. Si les saisies ont été pratiquées en différents lieux, il convient, pour économiser des frais, de les réunir. Si elles ont été pratiquées en différents arrondissements, la distribution doit, sans doute, être faite devant le tribunal du domicile du saisi.

« Art. 658. — Il sera tenu, au greffe, un registre des contributions sur lequel un juge sera commis par le président, sur la réquisition du saisissant, ou, à son défaut, de la partie la plus diligente. Cette réquisition sera faite par simple note portée sur le registre. »

Pendant combien de temps le saisissant doit-il être préféré pour faire cette réquisition? On tire une induction de l'art. 750. Pour moi, les termes ne sont pas ambigus : dès le moment où le saisissant n'aura rien requis, tout opposant pourra requérir. « Le saisissant ou à son défaut .»

« Art. 659. — Après l'expiration des délais portés aux articles 656 et 657, et en vertu de l'ordonnance du juge-commis, les créanciers seront sommés de produire et la partie saisie de prendre communication des pièces produites et de contredire s'il y échet. »

Le domicile des opposants sera évidemment celui indiqué par les articles 559 et 609. S'ils n'avaient pas élu domicile, ils seraient déchus du bénéfice de la sommation. La loi a voulu, en effet, éviter les frais exorbitants des significations éloignées.

« Art. 660. — Dans le mois de la sommation, les créanciers

opposants, soit entre les mains du saisissant, soit en celles de l'officier qui aura procédé à la vente, produiront, à peine de forclusion, leurs titres ès-mains du juge-commis, avec acte contenant demande en collocation et constitution d'avoué. »

Le mois court contre chaque créancier séparément. Le mois expiré, les créanciers en retard ne pourraient être admis si les autres s'y opposaient; car le texte est formel et le mot *à peine de forclusion* n'admet pas de réplique.

Jusqu'à quelle époque les créanciers peuvent-ils être admis à faire opposition ? Distinction à faire d'abord entre les créanciers antérieurs et ceux postérieurs à la saisie. Ces derniers ne peuvent jouir du bénéfice de la saisie. Quant à ceux antérieurs, il est évident qu'ils ne peuvent être déchus de l'opposition; car les déchéances sont de droit strict. Mais peuvent-ils former opposition même après les trente jours déterminés aux autres créanciers pour produire? Evidemment non. On ne voit pas la raison de les traiter avec plus de faveur que les autres. — Les oppositions ne peuvent-elles pas être rejetées, même après la vente? Suivant M. Rodière, professeur à la Faculté de droit de Toulouse, oui, lorsque, par exemple, l'huissier a arrêté la saisie en conformité de l'article 622; oui encore, dans le cas où un jugement est intervenu en suite de la déclaration du tiers-saisi. Les oppositions postérieures à ce jugement sembleraient devoir être écartées. J'embrasse, quant à moi, le sentiment de M. Rodière.

« Art. 661. — Le même acte contiendra la demande à fin de privilége; néanmoins, le propriétaire pourra appeler la partie saisie et l'avoué le plus ancien en référé devant le juge-commissaire pour faire statuer préliminairement sur son privilége pour raison de loyers à lui dus. »

Les créanciers privilégiés ne peuvent obtenir de bordereau de collocation qu'après l'expiration des délais pour contredire. Exception est faite en faveur du propriétaire en raison de la nature de sa créance.

« Art. 662. — Les frais de poursuite seront prélevés par privilége, avant toute créance autre que celle pour loyers dus au propriétaire. »

Le propriétaire prime toutes les autres créances, mais non tous les frais de justice. Il ne peut et ne doit primer que ceux exposés entre la vente et la distribution comme lui étant inutile. Quant à ceux exposés pour parvenir à la vente, il ne peut en être de même.

« Art. 663. — Le délai ci-dessus fixé (art. 660) expiré, et même auparavant si les créanciers ont produit, le commissaire dressera en suite de son procès-verbal, l'état de distribution sur les pièces produites ; le poursuivant dénoncera, par acte d'avoué, la clôture du procès-verbal aux créanciers produisants et à la partie saisie, avec sommation d'en prendre communication et de contredire sur le procès-verbal du commissaire dans la quinzaine. »

S'il s'élève des difficultés relatives à la collocation et à l'état des créanciers produisants, le juge-commissaire renvoie les parties devant le tribunal. Les contredits sont exprimés dans le procès-verbal du juge-commissaire. Si un créancier dispute sur la valeur de son privilége, il doit appeler en cause l'avoué le plus ancien. S'il querelle à cause du rejet total ou partiel de sa créance, il doit appeler l'avoué le plus ancien et la partie saisie. Le jugement qui intervient n'est pas susceptible d'opposition. Est-il susceptible d'appel ? — Je le suppose, s'il est rendu en matière excédant quinze cents francs.

« Art. 664. — Faute par les créanciers et la partie saisie de prendre communication ès-mains du juge-commissaire dans ledit délai, ils demeureront forclos, sans nouvelle sommation ni jugement ; il ne sera fait aucun dire, s'il n'y a lieu à contester. »

« Art. 665. — S'il n'y a point de contestation, le juge-commissaire clora son procès-verbal, arrêtera la distribution des deniers et ordonnera que le greffier délivrera mandement aux créanciers en affirmant par eux la sincérité de leurs créances. »

« Art. 666. - S'il s'élève des difficultés, le juge-commissaire renverra à l'audience ; elle sera poursuivie par la partie la plus diligente, sur un simple acte d'avoué à avoué, sans autre procédure. »

« Art. 667. — Le créancier contestant, celui contesté, la partie saisie et l'avoué le plus ancien des opposants seront seuls en cause. Le poursuivant ne pourra être appelé en cette qualité. »

Le but de cet article est d'économiser des frais de procédure. Il délimite ceux dont le concours est suffisant pour protéger les intérêts de la masse.

« Art. 668. — Le jugement sera rendu sur le rapport du juge-commissaire et les conclusions du ministère public. »

Les plaidoiries ne sont pas interdites ; car les contredits peuvent soulever des questions difficiles et délicates. Il est sage que la lumière et la vérité puissent jaillir du raisonnement et de la discussion.

« Art. 669. — L'appel de ce jugement sera interjeté dans les dix jours de la signification à avoué ; l'acte d'appel sera signifié au domicile de l'avoué ; il contiendra citation et énonciation des griefs ; il y sera statué comme en matière sommaire. — Ne pourront être intimées dans ledit appel que les parties indiquées par l'art. 667. »

Les oppositions à ce jugement ne sont pas admises.

L'appel sera interjeté dans les dix jours de la signification à avoué. Ce délai court contre toutes parties ; puisque la signification se fait à avoué, il n'y a pas lieu à augmentation à raison des distances. Le délai est augmenté d'un jour par cinq myriamètres de distance.

Ne pourront étre intimées sur ledit appel que les parties indiquées par l'art. 667. Il n'est pas même toujours nécessaire de les mettre toutes en cause. L'avoué le plus ancien des opposants peut toujours interjeter directement appel d'un jugement qui a rejeté un contredit, parce qu'il protége les intérêts de la masse.

Il sera statué sur l'appel comme en matière sommaire. Il n'y a lieu à requêtes ni autres formalités ordinaires.

« Art. 670. — Après l'expiration du délai fixé pour appel, et en cas d'appel, après signification de l'arrêt au domicile de l'avoué, le juge-commissaire clôra son procès-verbal ainsi qu'il est prescrit par l'art. 665. »

De quel avoué s'agit-il ? De l'avoué qui a succombé. Le recours en cassation ni la requête ne peuvent plus empêcher la clôture.

« Art. 671. — Huitaine après la clôture du procès-verbal, le greffier délivrera les mandements aux créanciers, en affirmant par eux la sincérité de leurs créances. »

« Art. 672. — Les intérêts des sommes admises en distribution cesseront du jour de la clôture du procès-verbal de distribution, s'il ne s'élève pas de contestation ; en cas de contestation, du jour du jugement qui aura statué ; en cas d'appel, quinzaine après la signification du jugement sur appel. »

QUESTIONS :

1° Lorsqu'il n'y a pas plus de trois opposants, peut-on se dispenser de suivre les formes de la distribution ? — Non.

2° Que décider, quand l'appel des contredits n'a pas été signifié en temps utile à toutes les parties ? Valable, selon moi, et nul selon M. Rodière.

CODE NAPOLÉON

DES RENTES PERPÉTUELLES ET VIAGÈRES.

Art. 529, § 2; 430; 1909; à 1914 incl. 1968 à 1983.

« Art. 529. — Sont aussi meubles, par la détermination de la loi, les rentes perpétuelles et viagères, soit sur l'Etat, soit sur des particuliers. »

La rente perpétuelle est le droit attaché à un individu d'exiger d'un autre des intérêts appelés arrérages, comme prix d'un capital mobilier ou d'un immeuble aliéné à perpétuité. Le créancier perpétuel ne peut jamais exiger le remboursement du capital que le débiteur peut, au contraire, rembourser à son gré.

La rente viagère est le droit attaché à un individu d'exiger d'un autre, pendant un temps déterminé (ordinairement la vie de la personne propriétaire de la rente) des arrérages gratuits ou à titre onéreux. Le capital viager n'est jamais exigible ni remboursable.

Ce qui distingue, en conséquence, la rente perpétuelle de la rente viagère, c'est que le capital de la rente perpétuelle n'est jamais exigible de la part du créancier, et il est remboursable de la part du débiteur. Celui de la rente viagère s'éteint après un délai déterminé, mais il n'est ni exigible, ni remboursable tant que le délai de la rente n'est pas expiré.

Lorsque la rente est constituée à titre onéreux, elle ne constitue pas un prêt ; il serait plus exact de dire que c'est une vente. Ce qui est vendu, ce n'est pas le capital ou l'immeuble aliénés ; mais bien l'obligation de payer. Ainsi, lorsque l'Etat a besoin d'argent, il n'emprunte pas, il vend des rentes. Ce mode d'emprunt lui offre un avantage que n'a pas un emprunteur ordinaire. Celui-ci est obligé de payer des intérêts périodiques et de rembourser plus tard. Il est à la merci du créancier.

Il en est tout autrement de l'Etat. Il est considéré et est, en réalité, vendeur. Il vend des rentes moyennant un capital qu'il reçoit en échange. Il vend avec faculté de réméré, et c'est cette faculté que la loi exprime implicitement en disant que la rente perpétuelle est essentiellement rachetable.

Sous le régime du droit ancien, on distinguait deux sortes de rentes : la rente foncière et la rente constituée. La rente foncière était un démembrement de la propriété. L'aliénateur se réservait un droit réel sur l'immeuble aliéné. Cette redevance était perpétuellement attaché à l'immeuble, lequel elle suivait dans toutes les mains. Le possesseur en était tenu. Perdait-il cette possession ou la transmettait-il, le nouveau possesseur devenait débiteur de droit, des prestations attachées à l'immeuble.

De là, il résulte des conséquences : puisque c'était, en réalité, l'immeuble qui devait la redevance, le possesseur pouvait s'en décharger en abandonnant sa possession. Cet abandon est ce qu'on appelait *déguerpissement*; en second lieu, la rente foncière était essentiellement non-rachetable.

La rente constituée était une créance d'arrérages acquise gratuitement ou à titre onéreux. Il en résultait deux conséqnences principales : 1° c'était une créance personnelle; comme telle, elle ne pouvait être exigée que du débiteur ou de ses ayant-cause ; 2° elle était essentiellement rachetable ; car, tout débiteur a, naturellement, le droit de se libérer en payant.

Sous le régime du code Napoléon, les rentes foncières ont disparu. On peut encore, sans doute, acquérir une rente moyennant l'aliénation d'un immeuble, mais cette rente est un droit personnel. C'est le preneur et non l'immeuble qui doit la rente. Les rentes, sous l'empire du code, ne sont donc jamais que de simples créances personnelles; quelles qu'elles soient, elles sont essentiellement rachetables, ainsi que le dit l'art. 530, à moins qu'elles ne soient constituées à titre viager. J'aurais occasion de faire voir qu'il existe de nombreuses différences entre la rente constituée, moyennant argent ou tout autre capital mobilier, et celle constituée moyennant aliénation d'un immeuble. Je me contenterai de ne citer ici que celles qui ressortent de l'article même que j'ai cité : 1° je suppose que la rente a été constituée moyennant l'aliénation d'un immeuble ; dans ce cas, il est permis de stipuler les conditions du rachat, au gré des parties contractantes. Lors, au contraire, que la rente a été constituée à prix d'argent, elle ne peut être rachetée que sur le pied de cinq pour cent ; 2° dans le premier cas, l'aliénateur peut stipuler que le rachat ne pourra être fait avant trente ans. Dans le second, il peut stipuler qu'il ne sera pas fait avant dix ans. Ces délais ne peuvent être prolongés, sous peine de nullité en faveur du débiteur de la rente.

DE LA RENTE EN GÉNÉRAL.
Art. 1909, 1918 et 530.

Les rentes sont perpétuelles ou viagères ; le capital de la rente perpétuelle n'est jamais exigible, et il est remboursable. Celui de la rente viagère n'est ni exigible, ni remboursable. Il s'éteint après un temps déterminé qui est ordinairement la vie du créancier.

Les rentes constituées moyennant l'aliénation d'un capital mobilier ne sont pas aujourd'hui aussi nombreuses qu'autrefois. Cela tient à ce que les prêts à intérêts sont aujourd'hui permis. La rente est bien une espèce de prêt, mais c'est un prêt *sui generis*, ainsi que le dit l'art. 1909 : « On peut stipuler un intérêt moyennant un capital que le prêteur s'interdit d'exiger. »

« Art. 1911. — La rente constituée en perpétuel est essentiellement rachetable. — Les parties peuvent convenir seulement que le rachat ne sera pas fait avant un délai qui ne pourra excéder dix ans, ou sans avoir averti le créancier au terme d'avance qu'elles auront déterminé. »

Il serait contraire aux bonnes mœurs et au principe de liberté naturelle de rester toujours forcément obligé. C'est une disposition favorable à celui que la nécessité oblige de recourir aux emprunts. En matière de rente, le créancier peut être perpétuellement créancier ; dans le prêt, il ne peut l'être rigoureusement qu'un temps déterminé. Comme il a, ici, une position moins avantageuse, on compense, pour lui, l'avantage ou la chance d'être perpétuellement créancier par la faveur d'être créancier un temps déterminé assez long.

Si le terme stipulé dépasse dix ans, il est évidemment réductible au terme légal. Ainsi le dispose, d'ailleurs, par analogie, l'article 1660, en matière de rachat. Si, conformément aux choses convenues, le créancier n'était pas averti au terme d'avance, il résulte des termes de notre article, qu'il ne pourrait être contraint de recevoir le remboursement.

« Art. 1912. — Le débiteur d'une rente constituée en perpétuel peut être contraint au rachat : 1° s'il cesse de remplir ses obligations pendant deux années; 2° s'il manque de fournir au prêteur les sûretés promises par le contrat. »

On se demande, à ce propos, s'il faut que le débiteur ait été mis en demeure de payer. Là-dessus, on a bâti trois systèmes : 1° d'après le premier système, la résolution a lieu de plein droit. Au débiteur le soin de ne pas laisser deux années consécutives s'écouler pour ne pas se mettre sous le coup de cet article; 2° d'après le deuxième système, il faut, dans tous les cas, une sommation préalable. Ces deux systèmes sont diamétralement opposés ; 3° d'après un troisième système, on distingue entre la rente *portable,* c'est-à-dire payable au domicile du créancier, et la rente *quérable,* c'est-à-dire payable au domicile du débiteur. Si la rente est portable, le débiteur sera contraint au remboursement dès que les deux années seront écoulées. Si elle est quérable, c'est áu créancier à quérir ses arrérages. Ce système semble le plus juste.

« Art. 1913. — Le capital de la rente constituée en perpétuel devient aussi exigible, en cas de faillite ou de déconfiture du débiteur. »

Autrefois, le débiteur de la rente foncière ne pouvait racheter. Aujourd'hui, au contraire, la rente perpétuelle immobilière est un droit mobilier (art. 529) et est rachetable. Le débiteur peut, néanmoins, aujourd'hui comme jadis, se libérer des arrérages en rendant l'immeuble. Il peut encore se libérer de deux autres manières : 1° en payant un capital correspondant aux arrérages sur le pied de cinq pour cent ; 2° si les arrérages sont constitués en denrées, on prend le prix moyen des denrées pendant quatorze ans. De ces quatorze ans, on a seulement le soin d'en retrancher deux années où le prix des denrées a atteint son maximum, et deux années où ce prix a atteint son minimum.

Différences entre la rente perpétuelle mobilière et immobilière.

RENTE IMMOBILIÈRE	RENTE MOBILIÈRE
1° Le rachat de la rente immobilière peut être différé, au gré du créancier, jusqu'à un délai de trente ans (art. 530).	1° Le rachat de la rente mobilière ne peut être différé, au gré du créancier, qu'à un délai de dix ans (article 1911).
2° Le rachat de la rente immobilière peut se faire moyennant telle somme convenue.	2° Le rachat de la rente mobilière ne peut être fait que sur le pied de cinq pour cent.
3° Le créancier de la rente immobilière peut exiger le remboursement, si les arrérages d'une seule année ne lui ont pas été payés.	3° Le créancier de la rente mobilière ne peut exiger le remboursement que si les arrérages de deux années ne lui ont été payés (article 1912)
4° Cinq, multiplié par vingt, donne le capital correspondant des arrérages. Si ce produit est inférieur aux sept douzièmes de la valeur de l'immeuble aliéné, il y a lésion, et le contrat peut être résolu.	4° Dans la rente mobilière, la résolution du contrat, pour cause de lésion, n'est pas admise.

La rente viagère peut être acquise ou constituée : 1° à titre onéreux ; c'est un contrat consensuel. On peut convenir que les arrérages seront payables avant la tradition du capital, clause nulle dans les rentes perpétuelles. Elle est essentiellement un contrat aléatoire ; il en résulte :

1° Que la partie qui aliène son capital peut stipuler des arrérages supérieurs au taux légal ;

2° Que l'aliénation d'un immeuble, moyennant une rente viagère, n'est pas rescindable pour cause de lésion de plus des sept douzièmes ;

3° Que la constitution de la rente viagère est nulle quand elle a été constituée sur la tête d'une personne décédée. Il en est de même si la personne est morte dans les vingt jours de la maladie dont elle était atteinte au moment du contrat (articles 1974, 1975);

4° Que le créancier ne peut pas faire résoudre le contrat pour cause du défaut de paiement des arrérages (art. 1978);

5° Que le constituant ne peut se libérer du service des arrérages (art. 1979) ;

« Art. 1977. — Celui au profit duquel la rente viagère a été constituée moyennant un prix, peut demander la résiliation du contrat si le constituant ne lui donne pas les sûretés stipulées pour son exécution. »

Cet article, ainsi que les articles 1978, 1979, 1980, 1981, 1982 et 1983 peuvent se passer de commentaires.

DIFFÉRENCES

ENTRE LA RENTE PERPÉTUELLE ET LA RENTE VIAGÈRE.

Il existe, entre la rente perpétuelle et la rente viagère, des différences dont voici les principales :

1° La rente perpétuelle est transmissible ; la rente viagère s'éteint à la mort du créancier ;

2° La rente perpétuelle est rachetable ; la rente viagère ne l'est pas

3° La rente perpétuelle, constituée moyennant un capital mobilier, ne peut l'être qu'au taux légal ; la rente viagère peut l'être au taux qu'il convient aux parties de fixer ;

4° La rente perpétuelle peut être résolue par défaut du paiement des arrérages. La rente viagère ne peut jamais l'être.

DROIT CRIMINEL

RÉHABILITATION DES CONDAMNÉS.

La réhabilitation des condamnés ne doit pas être confondue avec l'amnistie et la grâce. La réhabilitation laisse subsister le crime et le châtiment qui l'a suivi. Elle ne fait que relever le condamné de certaines incapacités qui résultaient de sa condamnation, en lui rendant la plénitude de ses droits et leur exercice. L'amnistie est un pardon général, accordé par le souverain, à toute espèce de condamnés ou à toute une catégorie. L'effet essentiel de l'amnistie est de remettre le coupable dans le cas d'un homme qui n'a jamais péché. La grâce consiste à remettre au condamné tout ou partie de sa peine ou une commutation. Elle laisse subsister le crime, ainsi que les incapacités résultant de la condamnation. C'est une œuvre exclusive de la justice gracieuse du souverain, comme l'amnistie. La réhabilitation émane et de la clémence du souverain et de l'autorité judiciaire.

La réhabilitation est une institution éminemment appropriée à la nature humaine. L'homme, quelquefois même sans être méchant, commet un méfait. La justice humaine le frappe : il subit son expiation, mais il ne peut, de par cette même justice, revenir à l'exercice de ses droits d'homme. Une faute momentanée, due à sa nature, l'a fait déchoir de son état de liberté et de grandeur. Il a payé son tribut à la société ; les bons sentiments renaissent dans son cœur, il élève ses yeux vers l'ordre, le bien et le juste ! L'homme s'est moralement réhabilité par lui-même ; il est juste que les hommes qui l'ont flétri viennent fêter son retour au bien, et écrire dans leurs lois une réhabilitation qui est écrite dans son cœur.

LA RÉHABILITATION

DANS LES LÉGISLATIONS ANCIENNES.

La réhabilitation semble si bien être un attribut de la justice humaine, qu'on en trouve des traces dans les législations anciennes les plus célèbres. Ce mot se trouve écrit dans le code romain. Elle est mentionnée dans le *digeste* et le code de Justinien au titre *de passis et restitutis*. Elle ne fut pas étrangère à la législation de l'ancienne monarchie française. Il y avait des règles particulières pour l'appliquer. Il en est fait mention dans les registres des parlements, et nos anciens rois la regardaient comme un des meilleurs attributs de la royauté.

La réhabilitation fut écrite en termes formels dans le code du vingt-cinq septembre 1791. Sous l'empire de ce code, elle était regardée comme un acte de justice due au condamné qui avait satisfait à la justice humaine ; c'était donc l'autorité judiciaire seule qui l'accordait. Seulement, elle était soumise à des formes peu compatibles avec sa nature. C'étaient des formes théâtrales qui faisaient subir au condamné une série d'humiliations comme échelons nécessaires pour remonter sur la scène de la vie civile.

4

La réhabilitation se produit sous le système du code Napoléon. Elle demeure applicable aux peines infamantes seulement, c'est-à-dire le bannissement, la dégradation civique, ainsi qu'à ceux placés sous la surveillance de la haute police. Cependant, sous l'empire de la loi du 28 avril 1832, la dégradation civique est devenue peine principale et a été substituée à la peine du carcan. Dès ce moment, la réhabilitation peut lui être appliquée. Elle n'était pas appliquée aux peines correctionnelles. C'était une sorte d'ignominie qu'on jetait sur les peines correctionnelles. Le code de commerce réhabilite les faillis qui sont parvenus à remplir leurs obligations ; sous l'influence de ces motifs, le gouvernement de Juillet proposa d'admettre les condamnés correctionnels à la faveur de la réhabilitation. Cette proposition fut présentée encore aux Chambres en 1843 et 1845.

Décret du 18 *avril* 1848. — En 1848, elle fut présentée de nouveau et défendue avec éloquence. Elle fut écrite dans la loi, et la réhabilitation appliquée aux peines correctionnelles en vertu du décret précité. Sous l'empire de ce décret, les formes de la réhabilitation étaient peut-être défectueuses. Ainsi, elle pouvait être appliquée trois ans après la condamnation. Le ministre était seul appréciateur judiciaire et souverain. Il consultait seulement le procureur général, à l'avis duquel il avait tel égard qu'il entendait. La réhabilitation manquait de certaines mesures de prudence et de justice. Elle devait rentrer aussi dans les attributs de la justice gracieuse du souverain.

LOI DU 3-6 JUILLET 1852

SUR LA RÉHABILITATION DES CONDAMNÉS.

Article unique. — « Le décret du 18 avril 1848 est abrogé. Le chapitre IV du titre 7 du livre III du code d'instruction criminelle est pareillement abrogé ; il est remplacé par les articles suivants.

« Art. 619. — Tout condamné à une peine afflictive ou infamante, ou à une peine correctionnelle, qui a subi sa peine ou qui a obtenu des lettres de grâce peut être réhabilité. » Peut être réhabilité même celui dont la peine n'est pas expirée, s'il a obtenu des lettres de grâce.

« Art. 620. — La demande en réhabilitation pour les condamnés à une peine afflictive ou infamante ne peut être formée que cinq ans après le jour de leur libération. Néanmoins, ce délai court au profit des condamnés à la dégradation civique, du jour où la demande est devenue irrévocable, ou de celui de l'expiration de la peine de l'emprisonnement, si elle a été prononcée. — Il court, au profit du condamné à la surveillance de la haute police prononcée comme peine principale, du jour où la condamnation est devenue irrévocable.

« Le délai est réduit à trois ans pour les condamnés à une peine correctionnelle. » La surveillance à la haute police, n'était pas une des peines auxquelles on appliquait la réhabilitation sous l'empire du code d'instruction criminelle.

« Art. 621. — Le condamné à une peine afflictive ou infamante ne peut être admis à demander sa réhabilitation s'il n'a résidé dans le même arrondissement depuis cinq années et pendant les deux dernières années dans la même commune. — Le condamné à une peine correctionnelle ne peut être admis à demander sa réhabilitation, s'il n'a demeuré dans le même arrondissement depuis trois années, et pendant les deux dernières dans la même commune. »

« Art. 622. — Le condamné adresse la demande en réhabilitation au procureur de la république de l'arrondissement en faisant connaître : 1° la date de sa condamnation ; 2° les lieux où il a résidé depuis sa libération ; s'il s'est écoulé, après cette époque, un temps plus long que celui fixé par l'art. 620. » Ces indications préliminaires ne lui étaient pas demandées par le code d'instruction criminelle.

« Art. 623. — Il doit justifier du paiement des frais de justice, de l'amende et des dommages-intérêts ou de la remise qui lui en a été faite. — A défaut de cette justification, il doit établir qu'il a subi le temps de contrainte par corps déterminé par la loi, ou que la partie lésée a renoncé à ce moyen d'exécution. — S'il est condamné pour banqueroute frauduleuse, il doit justifier du paiement du passif de la faillite, en capital, intérêts et frais, ou de la remise qui lui en a été faite. »

Le code d'instruction criminelle n'exigeait l'accomplissement d'aucune de ces conditions, sauf l'expiration de la peine. Sur ce point, il est vrai de dire que la loi de 1852 a aggravé les lois antérieures.

« Art. 624. — Le procureur de la république provoque, par l'intermédiaire du sous-préfet, des attestations délibérées par les conseils municipaux des communes où le condamné a résidé, faisant connaître : 1° la durée de sa résidence dans chaque commune, avec indication du jour où elle a commencé et de celui où elle a fini ; 2° sa conduite pendant la durée de son séjour ; 3° ses moyens d'existence pendant le même temps. Ces attestations doivent contenir la mention expresse qu'elles ont été rédigées pour servir à l'appréciation de la demande en réhabilitation. Le procureur de la république prend, en outre, l'avis du maire des communes et du juge de paix du canton où le condamné a résidé, ainsi que celui du sous-préfet de l'arrondissement. » Sous l'empire du code d'instruction criminelle c'était le condamné lui-même qui, au moment de quitter une localité, se faisait délivrer les attestations de bonne conduite. Elles ne devaient contenir ni les moyens qui avaient servi d'existence au condamné, ni mention du but pour lequel elles étaient délivrées.

« Art. 625. — Le procureur de la république se fait délivrer : 1° une expédition de l'arrêt de condamnation ; 2° un extrait des registres des lieux de détention où la peine a été subie, constatant quelle a été la conduite du condamné. — Il transmet les pièces, avec son avis, au procureur général. » Cette dernière pièce, antérieurement, n'était pas exigée. L'article correspondant du code d'instruction criminelle disposait que la demande en réhabilitation devait être publiée ; disposition supprimée.

« Art. 626. — La cour dans le ressort de laquelle réside le condamné est saisie de la demande. — Les pièces seront déposées au greffe de cette cour par les soins du procureur général. » Antérieurement, les pièces étaient déposées directement avec la requête au greffe de la cour par les soins du procureur de la république.

« Art. 627. — Dans les deux mois du dépôt, l'affaire est rapportée à la chambre d'accusation. Le procureur général donne ses conclusions motivées et par écrit. — Il peut requérir, en tout état de cause, et la cour peut ordonner, même d'office, de nouvelles informations sans qu'il puisse en résulter un retard de plus de six mois. » Sous le code d'instruction criminelle, l'affaire devait être rapportée dans les trois mois ; il n'était pas dit le retard que pouvaient entraîner les nouvelles informations.

« Art. 628. — La cour, le procureur général entendu, donne son avis motivé. »

« Art. 629. — Si l'avis de la cour n'est pas favorable à la réhabilitation, une nouvelle demande ne peut être formée avant l'expiration d'un nouveau délai de deux années. » Antérieurement, ce délai était de cinq ans.

« Art. 630. — Si l'avis n'est pas favorable, il est, avec les pièces produites, transmis par le procureur général et dans le plus bref délai possible, au ministre de la justice, qui peut consulter la cour ou le tribunal qui a prononcé la condamnation. »

« Art. 631. — Le Président de la république statue sur le rapport du ministre de la justice. »

« Art. 632. — Des lettres de réhabilitation seront expédiées en cas d'admission de la demande. » — Le code d'instruction criminelle portait que l'avis de la cour devait y être inséré.

« Art. 633. — Les lettres de réhabilitation sont adressées à la cour qui a délibéré l'avis. — Une copie authentique en est adressée à la cour ou tribunal qui a prononcé la condamnation. Ces lettres seront transcrites en marge de la minute de l'arrêt ou du jugement de condamnation. »

« Art. 634. — La réhabilitation fait cesser, pour l'avenir, dans la personne du condamné, toutes les incapacités qui résultaient de la condamnation. « Les interdictions prononcées par l'art. 612 du code de commerce sont maintenues, nonobstant la réhabilitation obtenue en vertu des dispositions précédentes. »

« Aucun individu, condamné pour crime, qui aura commis un second crime et subi une nouvelle condamnation à une peine afflictive ou infamante ne sera admis à la réhabilitation. »

« Le condamné qui, après avoir obtenu sa réhabilitation, aura encouru une nouvelle condamnation, ne sera plus admis au bénéfice des dispositions qui précèdent. Le code d'instruction criminelle ne faisait aucune mention de l'art. 612 du code de commerce. En conséquence, la réhabilitation devait, naturellement, être appliquée aux commerçants faillis. »

Le premier paragraphe de ce même article dit encore, explicitement, que la réhabilitation fait cesser *toutes* les incapacités dans la personne du condamné. A ce sujet, on s'est démandé si la réhabilitation rend à la vie publique aussi bien qu'à la vie civile. La négative est affirmée d'après un système qui se base sur certains paragraphes de l'art. 34 du code pénal. C'est la manie habituelle aux savants d'épiloguer sur les mots. La loi dit formellement *toutes les incapacités.*

« Le système contraire fut habilement développé, en 1843, par le rapporteur de la commission de la chambre des Pairs. La réhabilitation fait cesser la dégradation civique tout entière. »

« La réhabilitation civile, a dit au Corps législatif M. Langlais, lui rend les droits dont la condamnation l'avait privé; elle le laisse, pour le surplus, sous l'empire des lois commerciales. *C'est un criminel réhabilité, ce n'est pas un commerçant réhabilité.* »

TARBES, TH. TELMON, IMPRIMEUR DE LA PRÉFECTURE.

www.ingramcontent.com/pod-product-compliance
Ingram Content Group UK Ltd.
Pitfield, Milton Keynes, MK11 3LW, UK
UKHW020103100726
13658UKWH00004B/1950